Schals & Ponchos stricken

Mit einem Schal fängt fast jede Strickkarriere an: ein schönes Garn in der Lieblingsfarbe, passende Stricknadeln und dann immer geradeaus stricken, so lange das Material reicht.

In diesem Buch finden Sie Ideen und Tipps für die nächsten Modelle, vom meterlangen Halswärmer bis zum schnell gestrickten Kurzschal, sommerleichte Schmuckschals oder modische Pelzkragen, natürlich selbst gestrickt – für jede Gelegenheit, für Anfänger und erfahrene Strickerinnen ist etwas dabei! Für einen trendigen Poncho nähen Sie zwei gleiche Schals raffiniert zusammen und schon haben Sie ein Accessoire direkt vom Laufsteg. Ponchos verhüllen nicht nur modisch, sie sind ideale Begleiter auf Reisen, in der Natur oder beim Stadtbummel. Sie werden sich darin wohl fühlen.

Mein Tipp: Machen Sie es wie Julia Roberts und nutzen Sie Ihre Pausen zum Stricken. Oder wie Catherine Zeta-Jones und beschenken Sie liebe Freunde mit einer Eigenkreation.

Viel Spaß dabei wünscht Tanja Steinbach

Riesenschal & Kurzschal

→ mit dicker Wolle geht's ganz schnell

GRÖSSE
Riesenschal ca. 20 cm breit und 220 cm lang (ohne Fransen)
Kurzschal ca. 22 cm breit und 110 cm lang

RIESEN-SCHAL

MATERIAL
- Schachenmayr Effetto in Allure (Fb 87), 550 g
- Rundstricknd Nr. 15
- dicke Häkelnd

MASCHEN-PROBE
Mit Nd Nr. 15 im Halbpatent 5 M und 12 R = 10 cm x 10 cm

KURZSCHAL

MATERIAL
- Schachenmayr Boston in Sand (Fb 03), 200 g
- Rundstricknd Nr. 7-8

MASCHEN-PROBE
Mit Nd Nr. 7-8 im Ajourmuster 13 M und 20 R = 10 cm x 10 cm

Riesenschal

Grundmuster

Halbpatent: Hinr: Rdm, * 1 tiefgestochene M (=1 M rechts, jedoch 1 R tiefer einstechen und die darüber liegende M auflösen), 1 M links, ab * stets wdh, mit 1 tiefgestochenen M enden, Rdm. Rückr: alle M rechts str. Diese beiden R stets wdh.

Hinweis: Der Schal wird mit doppeltem Faden gestrickt.

Anleitung

13 M anschlagen und im Grundmuster arbeiten, beginnend mit einer Rückr. Nach ca. 220 cm alle M abk. An den beiden Schmalseiten je 7 Fransenbüschel einknüpfen. Dafür 60 cm lange Fäden abschneiden, jeweils 4 Fäden zur Hälfte legen und gleichmäßig verteilt mit der Häkelnd einknüpfen, die Fransen auf 22 cm Länge kürzen.

Kurzschal

Ajourmuster

(siehe Seite 24 „Poncho im Ajourmuster“)

Anleitung

31 M anschlagen, in der 1. Rückr alle M rechts str, dann nach Strickschrift weiterarbeiten: Rdm, 7 M nach Strickschrift, 1 Rapport à 14 M , 8 M nach Strickschrift, Rdm. In ca. 110 cm Höhe (199 R) nach einer 29. R des Ajourmusters in der folgenden Rückr alle M rechts gestrickt abk.

Tipp: Die Schalenden übereinander legen und mit einer Brosche oder einer gehäkelten Ansteckblume (siehe Allgemeine Erklärungen) zusammenstecken.

Schals aus Effektgarnen

→ schnell gestrickt in Pelzoptik

GRÖSSE
Steckschal
ca. 13,5 cm breit
und 100 cm lang

Schal aus Tizio
ca. 24 cm breit
und 100 cm lang

STECKSCHAL

MATERIAL

- Schachenmayr Brazilia in Flamingo (Fb 34), 100 g
- Rundstricknd Nr. 4,5-5,5
- Brosche

MASCHENPROBE
Mit Nd Nr. 4,5-5,5
im Grundmuster
20 M und 26 R
= 10 cm x 10 cm

SCHAL AUS TIZIO

MATERIAL

- Schachenmayr Brazilia Color in Nepal (Fb 115), 100 g
- Schachenmayr Tizio in Kairo (Fb 92), 150 g
- Rundstricknd Nr. 12
- Schmuckbrosche

MASCHENPROBE
Mit Nd Nr. 12
im Rippenmuster
7 M und 10-11 R
= 10 cm x 10 cm

Steckschal

Grundmuster

Kraus rechts: Hinr rechts, Rückr rechts

Anleitung

3 M anschlagen und im Grundmuster weiter str, dabei für die Spitze in jeder 2. R beidseitig 13x je 1 M verschränkt aus dem Querfaden zun, jeweils nach bzw. vor der Rdm (=29 M nach 26 R). In 22 cm Höhe 2 Schlitze arbeiten. Dafür die letzten 19 M stilllegen und nur über die ersten 10 M 6 cm (=17 R) str und diese M stilllegen. Dann über die mittleren 9 M ebenfalls 6 cm (17 R) str und die M stilllegen. Zum Schluss über die letzten 10 M 6 cm (17 R) str. Danach über alle 29 M weiter str. In 90 cm Höhe mit den beidseitigen Abnahmen für die Spitze beginnen. Dafür 13x in jeder 2. R die Rdm mit der folgenden bzw. der vorhergehenden M zusstr, die restlichen 3 M abk.

Schal aus Tizio

Rippenmuster

2 M rechts, 2 M links im Wechsel

Hinweis: Der Schal wird mit doppeltem Faden gestrickt, mit je einem Faden Tizio und einem Faden Brazilia Color.

Anleitung

20 M anschlagen und im Rippenmuster str, die 1. R mit Rdm, 2 M rechts beginnen. In 100 cm Höhe alle M abk. Die Anschlagkante zur Hälfte zusammenlegen, dabei die Kanten etwas überlappen lassen und mit der Brosche zusammenstecken. Das 2. Schalende in die so entstandene Öffnung ziehen.

Kuschelige Schals

→ für Groß und Klein

GRÖSSE
Damenschal
ca. 22 cm breit
und 170 cm lang
Kinderschal
ca. 12 cm breit
und 160 cm lang

MATERIAL
- Rundstricknd Nr. 7-8

DAMEN-SCHAL
- Schachenmayr Hip Hop in Esprit Color (Fb 84), 150 g
- Regia 4fädig Color in Party Color (Fb 5440), 50 g

KINDER-SCHAL
- Schachenmayr Hip Hop in Fantasie Color (Fb 90), 100 g
- 4 blaue Glöckchen

MASCHEN-PROBE
Mit Nd Nr. 7-8 im Grundmuster 8 M und 16 R = 10 cm x 10 cm

Grundmuster

Kraus rechts: Hinr rechts, Rückr rechts

Damenschal

Der Schal wird diagonal gestrickt. 6 M in Hip Hop Esprit Color anschlagen und wie folgt weiter arbeiten: **1.-7.R:** kraus rechts. **8.R:** aus der 1. M 5 M aufstricken (siehe Allgemeine Erklärungen) und anschließend über alle 11 M rechts str. **9.R:** aus der 1. M 5 M aufstricken und anschließend über alle 16 M rechts str. **10.-15.R:** kraus rechts über 16 M. **16.R:** aus der 1. M 5 M aufstricken und anschließend über alle 21 M rechts str. **17.R:** aus der 1. M wieder 5 M aufstricken und anschließend über alle 26 M rechts str. **18.-23.R:** kraus rechts über 26 M. **24.R:** die ersten 5 M abk, 21 M rechts str. **25.R:** aus der 1. M 5 M aufstricken und anschließend über alle 26 M rechts str. **26.-161.R:** 18. bis 25. R noch 17 x wdh. **162.-167.R:** kraus rechts über 26 M. **168.R:** die ersten 5 M abk, 21 M rechts str. **169.R:** die ersten 5 M abk, 16 M rechts str. **170.-175.R:** kraus rechts über 16 M. **176.R:** die ersten 5 M abk, 11 M rechts str. **177.R:** die ersten 5 M abk, 6 M rechts str. **178.-182.R:** kraus rechts über 6 M. **183.R:** alle M rechts gestrickt abk. Aus Regia 4fädig Color 48 kleine Quasten anfertigen, fertige Länge ca. 3 cm und jeweils an jede Ecke eine Quaste annähen.

Kinderschal

Der Schal wird diagonal gestrickt. 6 M in Hip Hop Fantasie Color anschlagen und die **1.-15.R** wie den Damenschal str, danach wie folgt weiter arbeiten: **16.R:** die ersten 5 M abk, 11 M rechts str. **17.R:** aus der 1. M 5 M aufstricken und anschließend über alle 16 M rechts str. **18.-145.R:** 10. bis 17. R noch 16 x wdh. **146.-151.R:** kraus rechts über 16 M. **152.R:** die ersten 5 M abk, 11 M rechts str. **153.R:** die ersten 5 M abk, 6 M rechts str. **154.-158.R:** kraus rechts über 6 M. **159.R:** alle M rechts gestrickt abk. An die beiden Ecken der Schmalseiten jeweils ein Glöckchen annähen.

Tipp: Außer Quasten und Glöckchen können auch andere Deko-Elemente an den Ecken befestigt werden, z. B. Anhänger oder Schmucksteine.

Patchworkschal in Pastelltönen

→ längs und quer mit Fransen

GRÖSSE
ca. 28 cm breit und 170 cm lang (ohne Fransen)

MATERIAL
- Schachenmayr Rosato in Maigrün (Fb 72), Vanille (Fb 21), Rosé (Fb 35), Sisal (Fb 05) und Flieder (Fb 42), je 100 g
- Rundstricknd Nr. 4-5
- 2 Nadelspielnd Nr. 4-5

MASCHENPROBE
Mit Nd Nr. 4-5 im Grundmuster 16 M und 28 R = 10 cm x 10 cm

Grundmuster

Kraus rechts: Hinr rechts, Rückr rechts

Streifenfarbfolge

*4 R Maigrün, 4 R Vanille, 4 R Rosé, 4 R Sisal, 4 R Flieder = 20 R, ab * stets wdh

Anleitung

Der Schal wird in mehreren Teilstücken angefertigt, siehe Schnittschema.

Teil 1: 114 M in Maigrün anschlagen und in der Streifenfarbfolge wie beschrieben arbeiten, dabei zählt die Anschlag-R als 1. R. Nach 79 R in der 80. R alle M abk.

Teil 2: Aus einer Schmalseite von Teil 1 in Maigrün 46 M auff und in der Streifenfarbfolge weiterarbeiten, nach 79 R in der 80. R die ersten 23 M abk und nur über die restlichen 23 M in der Streifenfarbfolge weiterarbeiten. Nach weiteren 199 R in der 200. R alle M abk.

Teil 3: Aus der Längsseite des 2. Teils 114 M in Maigrün auff und in der Streifenfarbfolge weiterarbeiten, nach 39 R in der 40. R alle M abk und das noch offene Stück des Schals im Matratzenstich (siehe hierzu auch Allgemeine Erklärungen) schließen.

Angestrickte Fransen: Die Fransen werden mit den Nadeln des Nadelspiels als dünne Schläuche gearbeitet. Jeweils aus den Rdm eines Farbstreifens in der Farbe des Streifens 3 M auff, *die M an das Nadelende zurückschieben (nicht wenden), den Faden hinter den M mitführen und 3 M rechts str, ab * stets wdh. Die M in der angegebenen Höhe abketten und das Ende der Fransen verknoten. Die Fransen werden partiell an die Ränder der Teile 1-3 angestrickt, siehe Schnittschema. An Teil 1 und 3 die Fransen jeweils 20 cm und an Teil 2 jeweils 30 cm lang arbeiten.

Tipp: Es müssen nicht alle Anfangs- und Endfäden der Streifenfarbfolge vernäht werden, arbeiten Sie diese einfach mit in die Fransen ein.

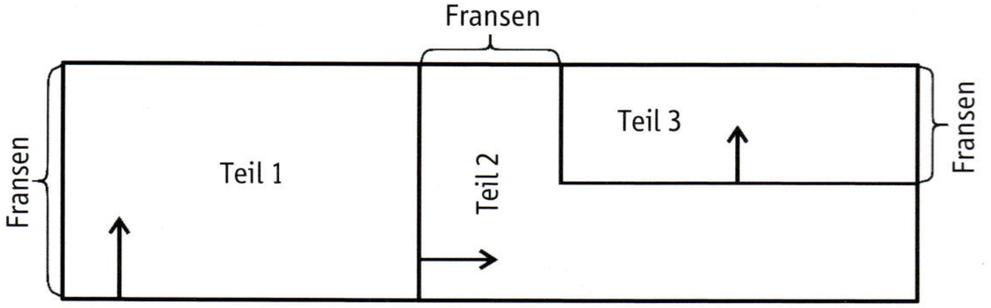

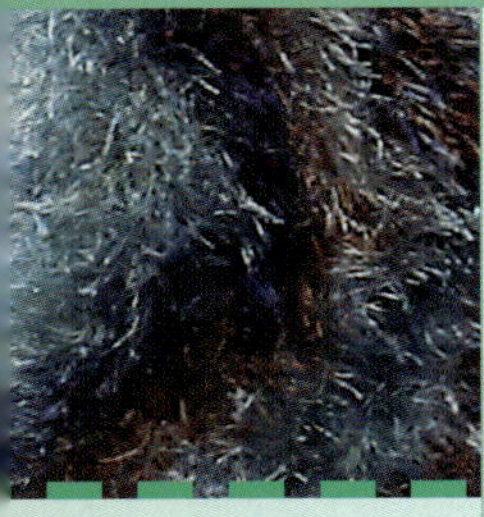

Schals aus Dreiecken

→ witzig gestreift

GRÖSSE
Damenschal
ca. 18 cm breit
und 190 cm lang

Kinderschal
ca. 13 cm breit
und 140 cm lang

MATERIAL
- Rundstricknd Nr. 4,5-5,5
- Häkelnd Nr. 4,5-5,5

DAMENSCHAL
- Schachenmayr Brazilia Fantasy Color in Fantasy Diana (Fb 392), 250 g

KINDERSCHAL
- Schachenmayr Brazilia Fantasy Color in Fantasy Gini (Fb 391), 200 g

MASCHENPROBE
Mit Nd Nr. 4,5-5,5 im Grundmuster 16 M und 28 R = 10 cm x 10 cm

Grundmuster

Kraus rechts: Hinr rechts, Rückr rechts

Dreieck Damenschal

85 M in Fantasy Diana anschlagen und in der folgenden Rückr alle M rechts str. Ab R 3 werden jeweils die Rdm mit der M davor bzw. danach zusammen gestrickt. **1.R:** Rdm, 40 M str, 3 M zusstr, 40 M str, Rdm = 83 M. **2.R** und alle Rückr: alle M rechts str. **3.R:** 2 M zusstr, 38 M str, 3 M zusstr, 38 M str. 2 M zusstr = 79 M. **5.R:** 2 M zusstr, 36 M str, 3 M zusstr, 36 M str. 2 M zusstr = 75 M. **7.R:** 2 M zusstr, 34 M str, 3 M zusstr, 34 M str. 2 M zusstr = 71 M. **9.R:** 2 M zusstr, 32 M str, 3 M zusstr, 32 M str. 2 M zusstr = 67 M. **11.R:** 2 M zusstr, 30 M str, 3 M zusstr, 30 M str. 2 M zusstr = 63 M. In dieser Weise fortfahren: jeweils zu Beginn und am Ende jeder Hinr die ersten bzw. letzten 2 M zusstr und jeweils die mittleren 3 M zusstr, bis nach 40 R noch 7 M übrig bleiben. **41.R:** 2 M zusstr, 3 M zusstr, 2 M zusstr. **43.R:** 3 M zusstr und dann abk.

Dreieck Kinderschal

69 M in Fantasy Gini anschlagen und in der folgenden Rückr alle M rechts str. **1.R:** Rdm, 32 M str, 3 M zusstr, 32 M str, Rdm = 67 M. Danach wie bei „Dreieck Damenschal" beschrieben ab R 10 (= Rückr) weiterarbeiten.

Hinweis: Die Angaben für den Damenschal stehen vor, die Angaben für den Kinderschal stehen nach dem Schrägstrich.

Anleitung

Beide Schals bestehen aus jeweils 9 Dreiecken. Ein Dreieck misst am längsten Schenkel 38/28 cm und ist 17/13 cm hoch. Mit einem Dreieck beginnen, das 2. Dreieck und die folgenden werden jeweils laut Schnittschema gleich an das vorhergehende Dreieck angestrickt. Dafür je Dreieck nur 43 M/35 M anschlagen und die restlichen 42 M/34 M aus dem vorhergehenden Dreieck auff. Jeden Schal jeweils mit 1 Rd fM umhäkeln.

Tipp: Die Streifen sind schon im Knäuel, das interessante Streifenmuster ergibt sich also automatisch beim Stricken.

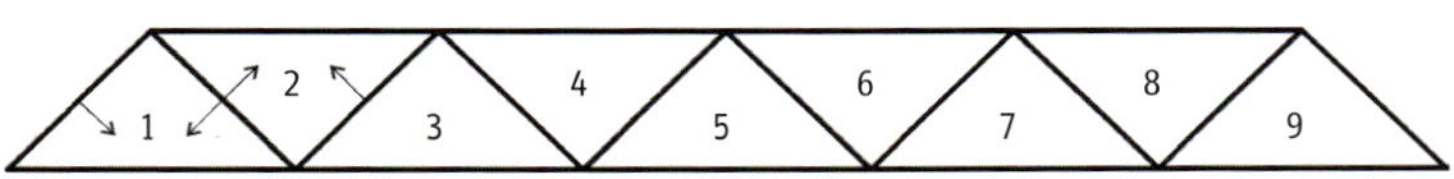

Pelzkragen

→ ein edles Accessoire

GRÖSSE
ca. 25 cm breit und 104 cm lang

MATERIAL
- Schachenmayr Brazilia Lungo in Schwarz (Fb 299) und Nougat (Fb 210), je 100 g
- Schachenmayr Brazilia Color in Nepal (Fb 115), 50 g
- Rundstricknd Nr. 8-9
- 1 Perlmutt-schließe
- 1 Hornstab

MASCHEN-PROBE
Mit Nd Nr. 8-9 im Grundmuster ca. 9 M und 11 R = 10 cm x 10 cm

Grundmuster

Glatt rechts: Hinr rechts, Rückr links

Hinweis: Der Kragen wird mit dreifachem Faden gestrickt, mit je 1 Faden in Schwarz, Nougat und Nepal.

Anleitung

Mit den 3 Fäden 3 M anschlagen und 1 Rückr linke M, dann glatt rechts str. Dabei an der rechten Kante in jeder Hinr nach der Rdm 22x 1 M rechts verschränkt aus dem Querfaden zun (= 25 M bei 40 cm Höhe). Über diese M 2 R str, dann mit verkürzten R arbeiten. Dafür *15 M str, mit 1 U wenden und zurück str; 2 R über alle M str, dabei in der 1. R den U mit der folgenden M rechts zusstr, ab * 11x wdh = 26 R bzw. 50 R mit verkürzten R in 64 cm Höhe. Nun an der rechten Kante in jeder Hinr nach der Rdm 22x 1 M mit der folgenden M rechts zusstr, dann die restlichen 3 M abk = 104 cm Höhe. Die angegebenen Maße werden jeweils an der Krageninnenseite gemessen. Die Kragenspitzen übereinander legen und mit Schließe und Stab verbinden.

Dreieckstuch & Schulterwärmer

→ festlich und mondän

GRÖSSE

Dreieckstuch
ca. 150 cm breit
und 62 cm hoch

Schulterwärmer
ca. 24 cm breit
und 90 cm lang

MATERIAL

- Rundstricknd Nr. 8-9
- Häkelnd Nr. 8-9

DREIECKSTUCH

- Schachenmayr Brazilia Lungo in Weiß-Schwarz (Fb 298), 100 g
- Schachenmayr Tizio in Alabaster (Fb 82), 150 g
- Schachenmayr Tipico in Perle (Fb 83), 150 g
- 1 Holzschließe
- 1 Holzstab

SCHULTERWÄRMER

- Schachenmayr Brazilia Lungo in Weiß-Schwarz (Fb 298), 50 g
- Schachenmayr Tizio in Alabaster (Fb 82), 50 g
- Schachenmayr Tipico in Perle (Fb 83), 100 g
- Satinband in Mittelgrau, 4 cm breit, 1 m lang

MASCHENPROBE

Mit Nd Nr. 8-9
im Grundmuster
10 M und 19 R
= 10 cm x 10 cm

Grundmuster

Kraus rechts: Hinr rechts, Rückr rechts

Hinweis: Die beiden Materialien Tizio und Brazilia Lungo werden stets zusammen verarbeitet. Das bedeutet, es wird mit doppeltem Faden gestrickt, mit je 1 Faden Tizio und 1 Faden Brazilia Lungo. Das Material Tipico wird einfach verwendet.

Streifenfarbfolge

1.-2.R: in Tizio und Brazilia Lungo alle M kraus rechts. **3.-6.R:** in Tipico; alle M kraus rechts. **7.R:** in Tipico; Rdm, *1 M rechts, 1 U ab * stets wdh, Rdm. **8.R:** in Tipico; alle M rechts, dabei die U der Vor-R fallen lassen. **9.-10.R:** in Tipico; alle M kraus rechts. R 1 bis 10 stets wdh.

Dreieckstuch

4 M in Tipico anschlagen und im Grundmuster in der Streifenfarbfolge weiterarbeiten, die Anschlag-R zählt als R 3. In der folgenden Hinr (= R 5 der Streifenfarbfolge) nach bzw. vor der Rdm 1 M zun, (= 6 M). Diese und alle folgenden Zunahmen werden aus dem Querfaden rechts verschränkt aufgenommen. Ab der nächsten Hinr (= R 7 der Streifenfarbfolge) jeweils 4 M in jeder Hinr zun, jeweils 1 M vor bzw. nach der Rdm, sowie jeweils 1 M vor bzw. nach den beiden mittleren M der jeweiligen R. Diese Zunahmen mit je 4 M pro Hinr beibehalten und im Grundmuster in der Streifenfarbfolge weiterarbeiten. In der 90. R, in einer 2. R der Streifenfarbfolge alle M abketten. Die Seitenränder mit 1 R Krebsmaschen (siehe Allgemeine Erklärungen) in Tizio zusammen mit Brazilia Lungo umhäkeln. Die Tuchenden übereinander legen und mit Holzschließe und Stab verbinden.

Schulterwärmer

27 M mit Tizio und Brazilia Lungo anschlagen, die Anschlag-R zählt als 1. Hinr. Weiter in der Streifenfarbfolge arbeiten. Nach ca. 90 cm, in einer 2. R des Grundmusters alle M abk. Das Satinband teilen und je eine Hälfte an die oberen Kanten der Schmalseiten gegenüberliegend annähen, die Enden schräg abschneiden.

Sommerschal & Sommerstola

→ starke Stücke für kühle Abende

GRÖSSE
Schal ca. 6 cm breit und 250 cm lang (ohne Fransen)

Stola ca. 40 cm breit und 150 cm lang (ohne Fransen)

SCHAL

MATERIAL
- Schachenmayr Scala in Orion Color (Fb 93), 50 g
- Rundstricknd Nr. 8-9
- Häkelnd Nr. 6-7

MASCHENPROBE
Mit Nd Nr. 8-9 im Grundmuster 16 M und 12 R = 10 cm x 10 cm
Die Maschenprobe am gedehnten Stück abmessen.

STOLA

MATERIAL
- Schachenmayr Novellara in Achat (Fb 50), 350 g
- Rundstricknd Nr. 10-12
- Häkelnd Nr. 7-8
- Stab

MASCHENPROBE
Mit Nd Nr. 10-12 im Grundmuster 6 M und 16 R = 10 cm x 10 cm

Schal

Grundmuster

Kraus rechts: Hinr rechts, Rückr rechts, locker gestrickt

Anleitung

12 M anschlagen und im Grundmuster locker weiterarbeiten, nach ca. 250 cm alle M locker abk. An die beiden Schmalseiten Fransen wie folgt anhäkeln: 1 Km in die äußerste M des Strickstückes häkeln, *dann für eine Franse eine Kette aus 40 Lm häkeln, die Franse mit einer Km in die folgende M des Strickstückes fixieren, ab * stets wdh.

Hinweis: Das Strickstück während der Anfertigung immer wieder in die Länge ziehen. Der fertige Schal dehnt sich noch stark aus und wird sonst schnell zu lang.

Stola

Grundmuster

Kraus rechts: Hinr rechts, Rückr rechts, locker gestrickt

Anleitung

26 M anschlagen und im Grundmuster locker weiterarbeiten, nach ca. 150 cm alle M locker abk. An die beiden Längsseiten in jede 2. Rdm eine Franse wie folgt häkeln: 1 Km in die äußerste M des Strickstückes häkeln, *dann für eine Franse eine Kette aus 30 Lm häkeln, die Franse mit einer Km in die folgende M des Strickstückes fixieren, ab * stets wdh. Die Stola mit einem Stab schließen.

Kurzponcho mit Zopfmuster

→ witziger Drüberzieher für kühle Tage

GRÖSSE
36-42

MATERIAL

- Schachenmayr Two in One in Ondé Spirit (Fb 95), 450 g und Bouclé Spirit (Fb 94), 50 g
- Schachenmayr Brazilia in Farn (Fb 79), 50 g
- Rundstricknd Nr. 5-6
- Hilfsnd
- Nadelspiel Nr. 6-7

MASCHENPROBE
Two in One, Nd Nr. 5-6 im Zopfmuster
20 M und 24 R = 10 cm x 10 cm

Two in One mit Brazilia mit Nd Nr. 6-7 im Bündchenmuster
11 M und 18 R = 10 cm x 10 cm

Kurzponcho

Zopfmuster

In Two in One Ondé Spirit nach der Strickschrift in R arbeiten. Es sind nur die Hinr eingezeichnet, in den Rückr M str, wie sie erscheinen. R 1 bis 10 stets wdh.

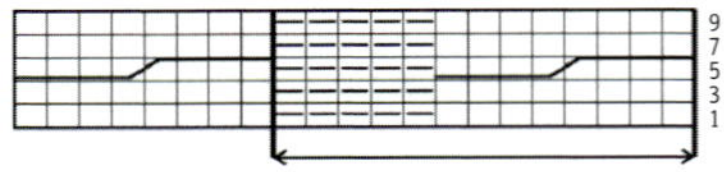

Rapport = 13 M

□ = 1 M rechts

⊟ = 1 M links

= 4 M auf eine Hilfsnd hinter die Arbeit legen, die folgenden 4 M rechts str, dann die M der Hilfsnd rechts str

Bündchenmuster

Two in One Bouclé Spirit zusammen mit Brazilia 1 M rechts, 1 M links im Wechsel in Rd str.

Hinweis: Der Kragen wird mit doppeltem Faden gestrickt, mit je 1 Faden Two in One Bouclé und 1 Faden Brazilia.

Anleitung

Für ca. 60 cm Breite 127 M in Two in One Ondé Spirit anschlagen, in der 1. Rückr alle M rechts str, dann im Zopfmuster in folgender Mascheneinteilung weiterarbeiten: Rdm, 9x Rapport à 13 M, 8 M laut Strickschrift, Rdm. Nach ca. 31 cm das Strickstück für den Halsausschnitt mittig teilen und 1 M für die 2. Rdm zunehmen = 2x 64 M. Die beiden Strickteile getrennt weiterarbeiten. Nach 24 cm für den Halsausschnitt die beiden Teile wieder zusstr, dabei die neu zugenommene Rdm wieder abn. Nach weiteren ca. 31 cm, in der Gesamthöhe von ca. 86 cm, nach einer 9. R des Zopfmusters in der folgenden Rückr alle M rechts str. In der nächsten Hinr alle M rechts str und dabei alle M abk. Aus dem Halsausschnitt 56 M in Two in One Bouclé Spirit und Brazilia Farn auff und auf das Nadelspiel verteilen, für den Kragen 18 cm im Bündchenmuster in Rd str. Dann alle M abk und den Kragen zur Hälfte nach außen umschlagen.

Steckschal

Blaue Variante von Seite 4.

Dieser Steckschal wurde wie der Schal von Seite 4 jedoch mit Schachenmayr Brazilia in Capri (Fb 56) gestrickt.

Tweed-Poncho

→ mit Jacquardbordüre

GRÖSSE
36-42

MATERIAL

- Schachenmayr Riga in Granit (Fb 98), 500 g
- Schachenmayr Rosato in Schwarz (Fb 99), 150 g
- Schachenmayr Rosato in Grün (Fb 70), 50 g
- 2 Rundstricknd Nr. 4-5
- Rundstricknd Nr. 5-6

MASCHEN-PROBE
Rosato mit Nd Nr. 4-5 im Grundmuster 16 M und 24 R = 10 cm x 10 cm

Riga mit Nd Nr. 5-6 im Rippenmuster 14 M und 20 R = 10 cm x 10 cm

Grundmuster

Glatt rechts: Hinr rechts, Rückr links, teilweise im Jacquardmuster

Rippenmuster

2 M rechts, 2 M links im Wechsel

Jacquardmuster

In Rosato nach der Strickschrift im Grundmuster arbeiten.

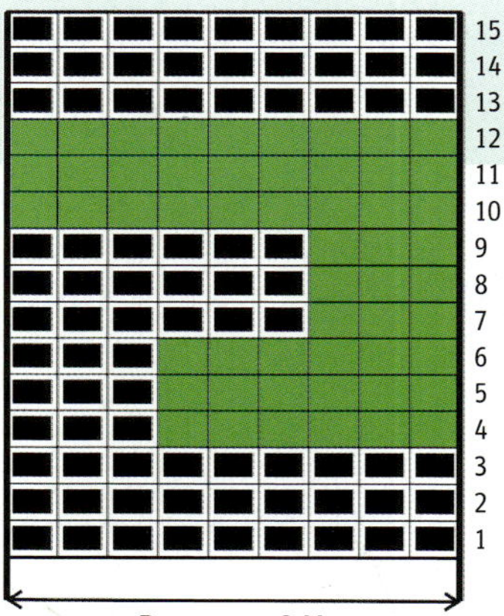

■ = 1 M Rosato in Schwarz

■ = 1 M Rosato in Grün

Hinweis: Die Anschlagkante wird mit einer ganzen Nadelstärke größer angefertigt, sodass sich das Bündchen später einfacher zusammenstricken lässt.

Anleitung

Mit Nd Nr. 5-6 mit Rosato in Schwarz 146 M anschlagen, dann mit Nd Nr. 4-5 wie folgt weiterarbeiten: 14 R glatt rechts str, beginnend mit einer Rückr. Nach der 14. R eine Rückr rechte M str, danach laut Strickschrift R 1 bis 14 in Jacquardtechnik 1x str, den Rapport à 9 M über die gesamte Breite 16x wdh. Für die 15. R der Strickschrift die M der Anschlagkante auf eine 2. Nadel aufnehmen und immer 1 M der Haupt-Nd mit einer M der Anschlagkante rechts zusstr. Nun mit Riga und Nd Nr. 5-6 weiterarbeiten, in der folgenden Rückr alle M links str, dabei 18 M wie folgt abn: Rdm, *3 M links, 2 M links zusstr, 3 M links, ab * noch 17x wdh, enden mit Rdm. Über die restlichen 128 M nun mit Riga im Rippenmuster wie folgt weiterarbeiten: 1. Hinr: Rdm, 31x 2 M rechts, 2 M links im Wechsel str, enden mit 2 M rechts, Rdm. Rückr und alle folgenden R M str wie sie erscheinen. Nach 55 cm ab der Umbruchkante des Bündchens die Arbeit teilen, die M einer Hälfte stilllegen und die beiden Seiten getrennt voneinander weiter arbeiten. Die mittleren beiden M jeweils als Rdm str. Nach weiteren 35 cm die beiden Strickteile im Maschenstich (siehe auch Allgemeine Erklärungen) verbinden.

Bunter Poncho

→ bringt Farbe in trübe Herbsttage

GRÖSSE
36-42

MATERIAL
- Schachenmayr Boston in Aubergine (Fb 38), 150 g
- Schachenmayr Boston in Kürbis (Fb 26), Jade (Fb 71), Jeans (Fb 53), Pink (Fb 35) und Anthrazit (Fb 98), je 100 g
- Rundstricknd Nr. 7-8
- Häkelnd Nr. 7-8

MASCHEN-PROBE
Mit Nd Nr. 7-8 im Grundmuster 13 M und 24 R = 10 cm x 10 cm

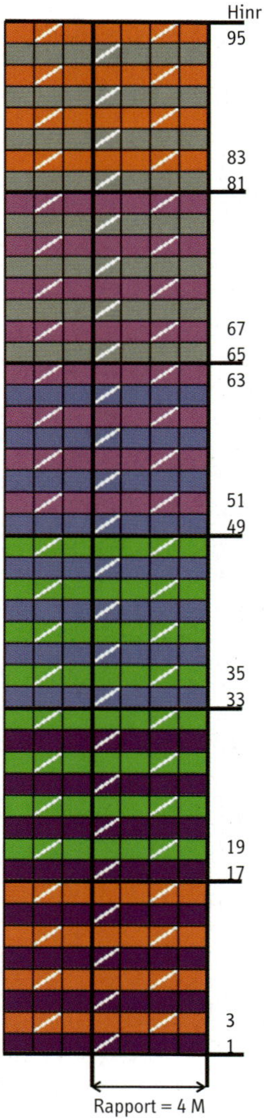

Grundmuster

Nach der Strickschrift in R arbeiten. Es sind nur die Hinr eingezeichnet, in den Rückr M str, wie sie erscheinen.

Anleitung

Es werden 2 gleich große Teile gestrickt. Für ca. 42 cm Breite 57 M (13x Rapport à 4 M + 3 M + 2 Rdm) in Aubergine anschlagen, in der 1. Rückr alle M rechts str, dann nach Strickschrift weiterarbeiten. R 1 bis 96 1x str, dann noch einmal R 1 bis 63 wdh und in der folgenden Rückr, in ca. 66 cm Höhe alle M abk. Das 2. Teil ebenso anfertigen und beide Teile nach dem Schnittschema (siehe Allgemeine Erklärungen) zusammennähen. Alle Kanten mit 1 R Krebsmaschen in Aubergine umhäkeln.

Tipp: Sehr dekorativ zu diesem Poncho ist auch eine Ansteckblume – häkeln Sie einfach eine in Ihrer Lieblingsfarbe aus dem Restmaterial dazu (siehe Allgemeine Erklärungen).

In der entsprechenden Fb 1 M rechts in Hin- und Rückr:

■ = Aubergine
■ = Kürbis
■ = Jade
■ = Jeans
■ = Pink
■ = Anthrazit

⧄ = in der entsprechenden Fb 1 M links abheben, in Hinr den Faden hinter der M weiterführen, in Rückr den Faden vor der M weiterführen

Poncho im Ajourmuster

→ in edler Metalloptik

GRÖSSE
36-42

MATERIAL
- Schachenmayr Tipico in Florida (Fb 91), 400 g
- Rundstricknd Nr. 7-8
- dicke Häkelnd

MASCHENPROBE
Mit Nd Nr. 7-8 im Ajourmuster 14 M und 20 R = 10 cm x 10 cm

Tipp: Aus dem Restmaterial eine dekorative Ansteckblume dazu häkeln (siehe Allgemeine Erklärungen).

Ajourmuster

Nach der Strickschrift in R arbeiten. Es sind nur die Hinr eingezeichnet, in den Rückr M str, wie sie erscheinen bzw. beschrieben sind. R 3 bis 30 stets wdh.

- = 1 M rechts
- = 1 M links
- = 1 tiefgestochene M: 1 M rechts, jedoch 1 R tiefer einstechen
- = 1 U, in der folgenden Rückr links str
- = 2 M rechts überzogen zusstr: 1 M wie zum rechts str abheben, folgende M rechts str und die abgehobene M darüberziehen
- = 2 M rechts zusstr
- = 2 M links zusstr
- = 3 M überzogen zusstr: 1 M wie zum rechts str abheben, die folgenden 2 M rechts zusstr und die abgehobene M darüberziehen
- = 3 M überzogen zusstr: 2 M wie zum rechts str abheben, die folgende M rechts str und die abgehobene M darüberziehen

Anleitung

Es werden 2 gleich große Teile gestrickt. Für das erste Teil 59 M anschlagen (= ca. 42 cm Breite), in der 1. Rückr alle M rechts str, dann nach der folgenden Mascheneinteilung im Ajourmuster weiterarbeiten: Rdm, 7 M laut Strickschrift, 3x Rapport à 14 M, 8 M laut Strickschrift, Rdm. Nach ca. 71 cm, nach einer 29. R des Ajourmusters in der folgenden Rückr alle M rechts str und in der folgenden Hinr alle M abk. Das 2. Teil ebenso anfertigen und beide Teile nach dem Schnittschema (siehe Allgemeine Erklärungen) zusammennähen. An den beiden Schmalseiten der beiden Ponchoteile Fransen einknüpfen. Dafür 60 cm lange Fäden abschneiden, jeweils 6 Fäden zur Hälfte legen und mit der Häkelnd einknüpfen. Der Abstand zwischen den Fransen soll 2 cm betragen. Fransen auf 25 cm Länge kürzen.

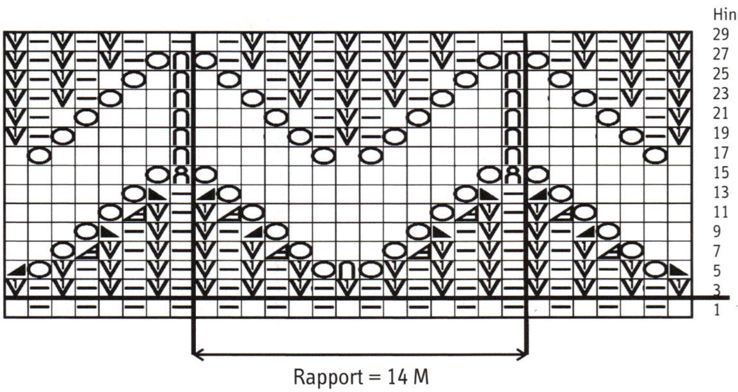

Poncho mit Karomuster

→ raffiniertes Farbenspiel

GRÖSSE
36-42

MATERIAL
- Schachenmayr Boston in Anthrazit (Fb 98), 450 g
- Schachenmayr Boston Multi Color in See Color (Fb 186), 250 g
- Rundstricknd Nr. 7-8
- Nadelspiel Nr. 7-8
- Häkelnd Nr. 7-8

MASCHENPROBE
Mit Nd Nr. 7-8 im Grundmuster 13 M und 21 R = 10 cm x 10 cm

Grundmuster

Nach der Strickschrift in R arbeiten. R 1 bis 12 stets wdh

Rippenmuster

2 M rechts, 2 M links im Wechsel in Rd

Häkelfransen

*2 fM in die M der Vor-R; für die lange Franse 16 Lm, wenden, die 1. Lm übergehen und in die restlichen 15 Lm jeweils 1 Km häkeln; 2 fM in die M der Vor-R; für die kurze Franse 11 Lm, wenden, die 1. Lm übergehen und in die restlichen 10 Lm jeweils 1 Km häkeln und ab * stets wdh. Die Rd mit 1 Km in die 1. fM beenden.

= Fb A, glatt rechts, in Hinr rechts str, in Rückr links str

= 1 M links abheben, in Hinr den Faden **hinter** der M weiterführen, in Rückr den Faden **vor** der M weiterführen

= 1 M links abheben und die U der Vor-R fallen lassen, Faden liegt hinter der M

= Fb B, kraus rechts, 1 M rechts in Hin- und Rückr

= Fb B, in Hinr 2 U, dann die folgende M rechts str

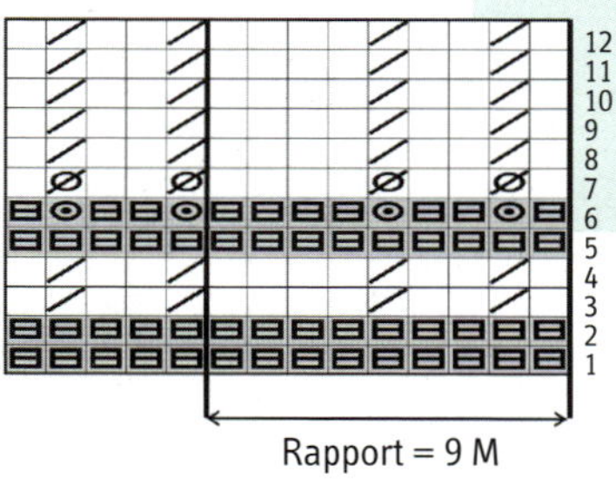

Rapport = 9 M

Anleitung

Es werden 2 gleich große Teile gestrickt. Für das 1. Teil die Farben wie folgt einteilen: Fb A = Boston Anthrazit, Fb B = Boston Multi Color See Color. 61 M in Fb B anschlagen, die Anschlag-R zählt als 1. R der Strickschrift, das bedeutet, die folgende Rückr laut 2. R der Strickschrift arbeiten, Mascheneinteilung wie folgt: Rdm, 6x Rapport à 9 M, 5 M laut Strickschrift, Rdm. R 1 bis 12 insgesamt 11x wdh, nach 132 R, noch einmal R 1 bis 5 str, in der folgenden Rückr alle M abk. Das 2. Teil ebenso anfertigen, allerdings die Farben tauschen: Fb A = Boston Multi Color See Color, Fb B = Boston Anthrazit. Beide Teile nach dem Schnittschema (siehe Allgemeine Erklärungen) zusammennähen. Aus dem Halsausschnitt 64 M in Anthrazit auff und auf das Nadelspiel verteilen, dann in Runden im Rippenmuster weiterarbeiten, nach 24 cm alle M abk und den Rollkragen zur Hälfte nach außen umschlagen. Die unteren Ponchokanten mit 1 Rd fM und 1 Rd Häkelfransen in Anthrazit umhäkeln.

Tipp: Ihnen gefällt eine Farbeinteilung besser als die andere? Dann stricken Sie einfach beide Teile gleich.

Dreifarbiger Kinderponcho

→ da ist die Lieblingsfarbe dabei

GRÖSSE
104-122

MATERIAL
- Rundstricknd Nr. 4,5-5,5
- evtl. Brosche

PONCHO IN PASTELLTÖNEN
- Schachenmayr Brazilia in Rosa (Fb 37), Lachs (Fb 35) und Vanille (Fb 23), je 100 g

PONCHO IN BLAU-GRÜN
- Schachenmayr Brazilia in Jeans (Fb 55), Grün (Fb 77) und Hellblau (Fb 53), je 100 g

MASCHENPROBE
Mit Nd Nr. 4,5-5,5 im Grundmuster 18 M und 28 R = 10 cm x 10 cm

Grundmuster

Glatt rechts: Hinr rechts, Rückr links

Hinweis: Die Farbangaben für den Poncho in Pastelltönen stehen vor dem Schrägstrich, die Angaben für den Poncho in Blau-Grün stehen nach dem Schrägstrich.

Anleitung

Es werden 2 gleich große Teile gestrickt. Für das erste Teil 92 M (= ca. 50 cm Breite) in Rosa/Jeans anschlagen, in der 1. Rückr alle M rechts str, dann im Grundmuster weiterarbeiten. Nach 9 cm in Lachs/Grün weiterarbeiten, nach weiteren 9 cm noch einmal die Farbe wechseln und mit Vanille/Hellblau das Strickstück vollenden. In 27 cm Höhe in der letzten Rückr alle M rechts str und dabei abk.
Das 2. Teil ebenso anfertigen und beide Teile nach dem Schnittschema (siehe Allgemeine Erklärungen) zusammennähen.
Nach Wunsch eine Schmuckbrosche anstecken.

GRÖSSE
36-42

PONCHO IN NATUR

MATERIAL

- Schachenmayr Boston in Natur (Fb 02), 750 g
- Rundstricknd Nr. 7-8
- Hilfsnd
- dicke Häkelnd

MASCHEN-PROBE
Mit Nd Nr. 7-8 im Zopfrippen-muster
15 M und 18 R
= 10 cm x 10 cm

PONCHO IN MARMOR

MATERIAL

- Schachenmayr Emotivo in Marmor (Fb 80), 450 g
- Rundstricknd Nr. 6-7
- Hilfsnd
- Häkelnd Nr. 6-7
- 18 Ösen in Brüniert, ø 11 mm

MASCHEN-PROBE
Mit Nd Nr. 6-7 im Grundmuster
10 M und 17 R
= 10 cm x 10 cm

Ponchoschals

→ ganz natürlich verzopft

Poncho in Natur

Zopfrippenmuster

Nach der Strickschrift in R arbeiten. Es sind nur die Hinr eingezeichnet, in den Rückr M str, wie sie erscheinen. Nach der 1. und 2. R die R 3-10 stets wdh.

Anleitung

Für ca. 48 cm Breite 75 M anschlagen, in der folgenden Rückr alle M rechts str, dann in folgender Mascheneinteilung weiterarbeiten: Rdm, 5x Rapport Zopfrippenmuster (dabei je Rapport 1 M laut Strickschrift zun = 75 M), 3 M glatt rechts laut Strickschrift, Rdm = 80 M nach der 1. Hinr. Nach ca. 160 cm, nach einer 9. R des Zopfmusters, in der folgenden Rückr alle M rechts str und über jedem Zopfstreifen jeweils 1x 2 M rechts zusstr (= 75 M), in der folgenden Hinr alle M abk. Den Schal zur Hälfte zusammenlegen und zwei gegenüberliegende Seitenkanten ca. 45 cm als Naht im Matratzenstich (siehe auch Allgemeine Erklärungen) schließen, die mittleren ca. 35 cm bleiben als Halsausschnitt offen. An der Anschlag- und Abkettkante Fransen einknüpfen. Dafür 35 cm lange Fäden abschneiden, jeweils 4 Fäden zur Hälfte zusammenlegen und mit der Häkelnd einknüpfen. Die Fransen im Abstand von 2,5 cm einarbeiten und anschließend auf 16 cm Länge kürzen.

□ = 1 M rechts

⊟ = 1 M links

⊞ = 1 M rechts verschränkt aus dem Querfaden aufnehmen

= 3 M auf eine Hilfsnd **vor** die Arbeit legen, die folgenden 3 M rechts str, dann die M der Hilfsnd rechts str

= 3 M auf eine Hilfsnd **hinter** die Arbeit legen, die folgenden 3 M rechts str, dann die M der Hilfsnd rechts str

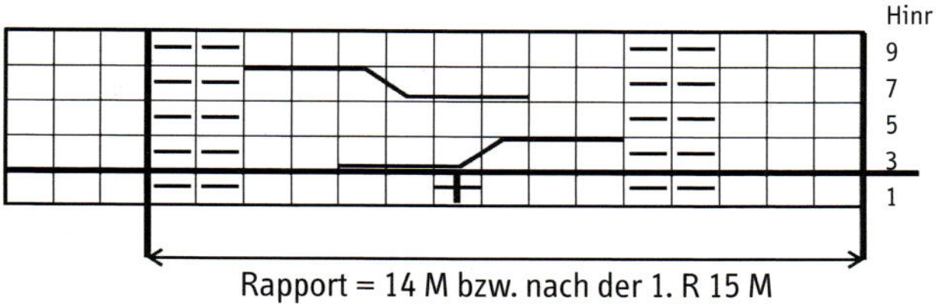

Rapport = 14 M bzw. nach der 1. R 15 M

Poncho in Marmor

Zopfstreifen

Über 24 M nach der Strickschrift in R arbeiten. Es sind nur die Hinr eingezeichnet, in den Rückr M str, wie sie erscheinen. Nach der 1. und 2. R die R 3-14 stets wdh.

WEITERFÜHRUNG

Ponchoschals

= 1 M rechts

= 1 M links

= 1 M rechts verschränkt aus dem Querfaden aufnehmen

= 1 M auf eine Hilfsnd **hinter** die Arbeit legen, die folgenden 2 M rechts str, dann die M der Hilfsnd links str

= 2 M auf eine Hilfsnd **vor** die Arbeit legen, die folgende M links str, dann die M der Hilfsnd rechts str

= 2 M auf eine Hilfsnd **vor** die Arbeit legen, die folgende M rechts str, dann die M der Hilfsnd rechts str

= 2 M auf eine Hilfsnd **hinter** die Arbeit legen, die folgende M rechts str, dann die M der Hilfsnd rechts str

Grundmuster

Glatt links: Hinr links, Rückr rechts

Anleitung

Für ca. 46 cm Breite 52 M anschlagen, in der folgenden Rückr alle M rechts str, dann in folgender Mascheneinteilung weiterarbeiten: Rdm, 14 M im Grundmuster, 22 M Zopfmuster (dabei 2 M laut Strickschrift zun), 14 M im Grundmuster, Rdm = 54 M nach der 1. Hinr. Den Rapport 20x wdh (= 242 R, ca. 140 cm), nach einer 14. R des Zopfmusters die folgende Hinr wie folgt str: Rdm, 14 M links, 2 M rechts, *4 M links, 1 M rechts, 2 M rechts zusstr, 1 M rechts, ab * 1x wdh, enden mit 4 M links, 2 M rechts, 14 M links, Rdm. In der folgenden Rückr alle 52 M rechts str und in der nächsten Hinr alle M abk. Den Schal zur Hälfte zusammenlegen und zwei gegenüberliegende Seitenkanten ca. 40 cm als Naht im Matratzenstich (siehe Allgemeine Erklärungen) schließen, die mittleren ca. 30 cm bleiben als Halsausschnitt offen.

Die untere Ponchokante mit 1 R Krebsmaschen (siehe Allgemeine Erklärungen) behäkeln. In die Anschlag- bzw. Abkettkante gleichmäßig verteilt die 18 Ösen, ca. 2 cm von der Kante entfernt, nach Packungsanweisung einarbeiten. Jeweils vier 50 cm lange Fäden zur Hälfte legen und in die Ösen einknüpfen, anschließend die Fransen auf eine Länge von 20 cm kürzen.

Tipp: Für die Ösen keine Löcher in das Strickstück schlagen, sondern die Ösen einfach zwischen den Maschen befestigen.

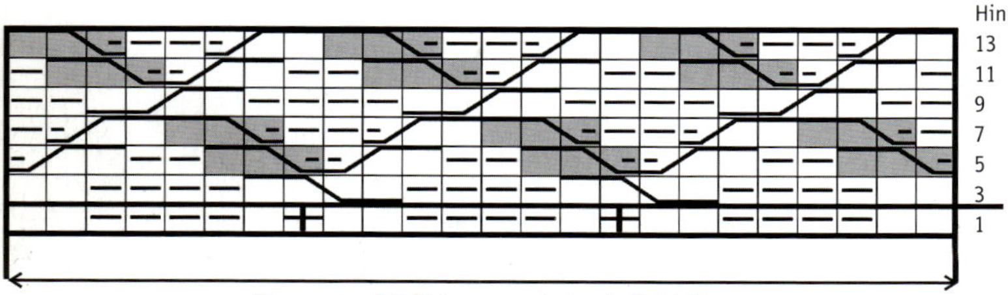

Rapport = 22 M bzw. nach der 1. R 24 M

IMPRESSUM

FOTOS: frechverlag GmbH, 70499 Stuttgart; Fotostudio Ullrich & Co., Renningen
DRUCK: frechdruck GmbH, 70499 Stuttgart

Auflage: 5. 4. 3. 2. 1.
Jahr: 2009 2008 2007 2006 2005 [Letzte Zahlen maßgebend]

ISBN 3-7724-6614-1
Best.-Nr. 6614